Unsere Tierkinder

Abbildungen von Pierre Couronne
Text von Wilfried Carstens und Harald Scheel

Hemma Verlag

Der kleine Hase

In dem Bau von Herrn und Frau Kaninchen hat ein freudiges Ereignis stattgefunden: Mit den ersten warmen Sonnenstrahlen des Frühlings sind hübsche kleine Kaninchen geboren worden.

Als der kleine
Hoppi einen
Spaziergang über
die Wiese macht,
begegnet er der
Kuh Auguste. Vor
dieser großen
Dame kriegt der
kleine Kerl einen
gewaltigen
Schreck. Aber
dann merkt er,
daß sie ganz
friedlich ist. Er
wagt es sogar, ihr
ein Küßchen auf
die Nase zu
geben.

"Quak, quak! Guten Morgen, Kleiner! Ich bin die Ente Fridolin. Spielst du mit mir?"

Ein dunkler Schatten fällt drohend vom Himmel auf Hoppi. Ein Raubvogel! Hoppi gelingt es nur knapp, in das nächste Gebüsch zu flitzen. Das war eine große Gefahr!

Nun ist Hoppi schon ein erwachsenes Kaninchen. Der Sommer geht zu Ende, und der Bauer beginnt mit der Rübenernte. Einige Rüben bleiben liegen. Das ist gut für Hoppi! Er knabbert mit großem Appetit. Hmm! Das schmeckt!

Die Bäume verändern die Farbe ihrer Blätter. Das Wetter wird kühler, der Herbst beginnt. “Laßt uns Nüsse und Eicheln sammeln!” sagen die Eichhörnchen. “Der Winter läßt nicht mehr lange auf sich warten.”

Am Himmel hängen dicke Schneewolken. Hoppi hat seinen Bau noch rechtzeitig beendet. Die Eichhörnchen bringen ihre letzten Vorräte ein, und auch der Dachs geht in seinen sicheren Bau.

Der Winter ist
da! Die Nahrung
wird knapp.
Hoppi findet
noch einige
Blätter unter
dem Schnee.

“Komm her!” sagt er zu seinem Freund, dem Rehkitz.
“Ich habe etwas zu essen gefunden.” Der Winter ist lang,
aber eines Tages ....

Der Frühling ist wieder da!
Auf den Wiesen blühen Blumen in
leuchtenden Farben. Alle Tiere fühlen
sich wohl und sind glücklich. Hoppi
ist ein schöner Kaninchenmann
geworden. Er hofft, ein hübsches
Kaninchenmädchen zu finden.
Und tatsächlich! Hoppis
Gefährtin ist Mama

geworden. Ihre
Jungen sind eine
muntere Schar. Sie
hüpfen und spielen
von früh bis spät.

Die Kleinen
sind sehr neugierig,
genau so wie Hoppi
einst war. Sie schnuppern
an allem, entdecken alle
Freuden, aber auch
alle Gefahren.

Der kleine Hirsch

Tief im Wald ist soeben ein kleiner
Hirsch auf die Welt gekommen.
Seine Mama leckt ihn liebevoll ab,
und die Junisonne wärmt ihn.
Da faßt das neugeborene kleine
Kerlchen Mut und versucht,
auf die Beine zu kommen.

Er steht noch ein wenig wackelig
auf den dünnen Beinchen.
Mit halbgeschlossenen Augen sucht
er die Zitzen seiner Mama und trinkt
schon bald in vollen Zügen. Dabei hört
er weder das Plätschern des kleinen
Wasserfalls noch den Gesang der Vögel.
Am Fuße eines Baumes sitzt ein großer
Käfer und beobachtet die Szene.
“Was für ein hübsches Hirschbaby!”
denkt er.

Die Sonne geht unter - Schlafenszeit! Der kleine Hirsch legt sich nieder, gut verdeckt vor den Blicken anderer durch die hohen Gräser ringsum.
Er schließt die Augen und schläft ein. “Huhu”, ruft das Käuzchen leise, “weckt ihn nicht!”

“Sieh mal, ein Dachs!” sagt der Junghirsch zu dem Kleinen, der erstaunt zuschaut, wie ein großer Hirsch sein Geweih an der Rinde einer Buche entlangstreift. Er will auf diese Weise die weiche Haut loswerden, die das Gehörn bedeckt.

Feuer! Es brennt! Lodernde hohe Flammen vernichten den Kiefernwald. Panik ergreift die Tiere; sie rennen um ihr Leben! Im Sommer muß man im Wald sehr vorsichtig sein. Ein Funke kann eine große Katastrophe auslösen.

Der Herbst ist da. Die Blätter schmücken sich mit leuchtenden Farben und bedecken bald den Boden. “Nun wird es Zeit, daß wir uns ein gutes Versteck für den Winter suchen”, sagt eine Igelmutter zu dem jungen Hirsch.

Mit gestrecktem Hals und
aufgerichteten Ohren schaut
der bald dem Kampf zweier
Hirsche zu. Welch ein
Schauspiel! Laut schlagen sie
ihr Geweih gegeneinander.
Die Vögel hören auf zu singen,
und die Hirschkühe zittern
vor Furcht. Wer gewinnen
wird, weiß niemand.

Mit dem
Gewehr über der
Schulter, marschieren zwei
Jäger durch den Schnee. Der
kleine Hirsch beobachtet sie von
weitem. Wo ist nur das Hirschrudel?
Sobald die Männer verschwunden sind,
wird er die Seinen suchen.

Aha, da sind sie alle! Seine Familie ist an der Futterstelle.
“Nicht alle Menschen sind gefährlich”, hat Mama gesagt.
“Es gibt einige, die uns im kalten Winter sogar Futter geben.”

Der Himmel ist blau, die Sonne lacht: Der Frühling ist da! Welch ein Spaß, mit den anderen umherzuspringen! Plötzlich entdeckt der kleine Hirsch im Gras das Geweih eines Hirsches. Ein Spatz klärt ihn auf: “Das fällt jedes Jahr ab, aber innerhalb von vier Monaten wächst es noch schöner nach.”

Schnell
wächst der kleine
Hirsch. Schon trägt
er selbst kleine Hörner:
Ein Spießer ist er jetzt.
In einem Monat wird er
ein Jahr alt. An seinem
geschützten Platz hört
er das Röhren seines
Vaters. Er träumt
davon, daß er auch
einmal ein so
majestätischer
Hirsch sein
wird.

Der kleine Schlaue-Fuchs

Es ist Herbst. Die gelb und rot gefärbten Blätter des Waldes leuchten weit ins Land. Unter der Krone einer großen Eiche stoßen zwei kräftige Hirsche mit ihrem Geweih so heftig gegeneinander, daß man es im ganzen Wald hört. Sie kämpfen um die Herrschaft im Revier. “Wann hören sie endlich mit diesem Unfug auf ?” sagen die Eichhörnchen, die diesen Lärm nicht mögen. Der Rotfuchs aber kümmert sich nicht darum, denn er hat andere Sorgen. Er ist auf der Flucht und sucht Schutz.

“Bleib nicht auf der Brücke!” ruft er der Füchsin zu. “Die Hunde haben unsere Spur gewittert, und die Jäger kommen schon.” “Ich habe Angst, hinabzuspringen.” “Keine Sorge, das Wasser ist tief genug. Spring und schwimm ans andere Ufer!” sagt der alte Fuchs zu seiner jungen Freundin.

Schon kommt die Hundemeute näher. Die Füchsin schaut auf das Wasser, dann in den Wald. Ihr bleibt keine Wahl, sie muß springen. Mit dem Mut der Verzweiflung stürzt sie sich hinunter. Hurra! Ihr ist nichts passiert! “Komm zu mir!” ruft der Fuchs ihr zu. “Die Hunde sind schon ganz in der Nähe!” Fast geräuschlos klettern sie ans andere Ufer. Nun werden die Hunde ihre Spur verlieren, im Wasser versagen ihre Spürnasen. Der alte Fuchs findet hinter Felsen ein Versteck. Von hier aus kann er alles gut beobachten.

“Sieh nur, diese Dummköpfe laufen in die falsche Richtung! Wir haben sie in die Irre geführt”, sagt der Fuchs zu seiner Gefährtin, die sich gleichfalls hinter die Steine duckt.

Nach dieser Aufregung können die beiden endlich ein wenig ausruhen. Dann küßt der Fuchs sie zärtlich auf die Nase und fragt: “Liebe Freundin, hättest du nicht gern ein paar süße kleine Füchschen um dich herum?”

Der Herbst geht zu Ende. Ein kalter Wind fegt über das Land. “Der Winter kommt schon bald, wir brauchen eine Höhle. Laß uns sofort mit dem Graben beginnen”, sagt die Füchsin. Der Fuchs aber hat eine bessere Idee: “Schau mal dort! Warum sollen wir uns mit der Arbeit plagen?”

Ein Dachs hatte gerade seinen Bau verlassen. “Unser Heim ist schon fertig!” lacht der Fuchs. “Und wenn er wieder in seinen Bau will?” fragt die Füchsin besorgt. “Dann werde ich ihm klarmachen, daß er hier nicht willkommen ist!” “Was bist du doch für ein schlauer Kerl!” sagt die Füchsin bewundernd. “Aber wenn wir in dieser Höhle junge Füchse haben wollen, müssen wir sie vergrößern.” “Erst ruhen wir uns aus. Komm dicht zu mir, wir wollen uns von den Strapazen des Tages erholen”, sagt der alte Fuchs. “Schlaf ruhig ein!”

Der Winter
ist gekommen.
Das Land liegt
unter einer dicken
Schneedecke. Es ist
kaum noch Wild da,
darum müssen die Füchse
oft weite Wege gehen, um
für ihre leeren Mägen Beute
zu finden. Der schlaue Fuchs
aber weiß, wo man
immer gutes
Fleisch ergattern
kann: Wozu gibt
es Bauernhöfe?

Auf leisen Pfoten schleicht sich der erfahrene Jäger an seine Beute heran. Völlig arglos picken die Hühner überall auf dem Hof. Der Fuchs verharrt regungslos hinter einer großen Tonne. Er wartet auf den richtigen Augenblick.

Schnell wie der Blitz springt er plötzlich los und packt mit seinen starken Zähnen eine Henne. Er saust mit ihr in den Wald. Vor Angst gackernd, rennen die Hühner auf dem Hof umher. Der Bauer kommt heraus und ergreift einen Stock: "Verdammter Räuber, eines Tages erwische ich dich!" Der Fuchs aber ist längst im Wald verschwunden. Leise schleicht er zwischen den Bäumen hindurch zurück zu seinem Bau. Wenn der Winter so kalt und hart ist, muß er manchmal Gefahren auf sich nehmen, um genügend Fleisch zu bekommen.

Zu Beginn des Frühlings hat sich in der Höhle ein freudiges Ereignis vollzogen: Sechs kleine Füchschen sind auf die Welt gekommen. Voller Eifer und Zärtlichkeit kümmert sich die Füchsin um ihren Nachwuchs. Der Vater aber schaut ihr dabei gelassen zu, denn die Mama wird ihre Kinder weitgehend allein aufziehen. Sie drängen sich an ihre Zitzen und trinken, damit sie schnell wachsen.

Nach einigen Wochen zeigt
ihnen die Füchsin, wie man sich
unbemerkt an die Beute
heranschleicht und sie dann mit
einem großen Sprung schnappt.

Unbekümmert streiten sich drei Mäuse vor der Nase der Füchsin um eine Beere. Die beobachtet mit halb geschlossenen Augen, was sich um sie herum abspielt. Sie scheint zu schlafen, aber im richtigen Augenblick wird sie zuschnappen und wieder mit ihrer List Erfolg haben.

Der kleine glückliche Bär

Eine Bärenfamilie lebt im
Yellowstone-Park in den USA in
einem wahren Tierparadies.
Ein kleiner Bär ruft erstaunt:
“Seht euch bloß mal diese
Spielsachen hier an!”

Er durchstöbert gerade
den Inhalt einer Tasche,
die im Wald liegengeblieben ist.
Zwischen Konservendosen liegt
ein Plüsch-Teddybär.
Aber er bewegt sich nicht.
Das kommt den Bärchen
seltsam vor.

Sie lassen ihn deshalb liegen und gehen weiter. Am Waldrand entdeckt einer der Bären einen hohlen Baum. “Ha! Wilde Bienen!” ruft er, “Kommt schnell her, hier gibt es leckeren Honig zu naschen!”

Schnell klettern die
beiden Bärchen
hinauf. Doch
Mama warnt:
“Vorsicht,
da kommen
Menschen!
Wir verstecken
uns hinter dem
Felsen. Seid leise!”

Bald darauf wandern sie weiter
und gelangen an einen Bach.
“Seht nur, dort ist Großvater!”
ruft Mama Bär. Der duscht sich
unter einer warmen Sprudelquelle
und singt: “Oh, wie tut das gut !”

"Guten Morgen!" ruft er. "Wollt ihr heute Fische fangen?"
Ein Biber schaut ihnen zu. Eines der Bärchen antwortet:
"Ja, wir müssen uns Speck anfressen für den Winter."

"Ach, ist mein Bauch voll!"
stöhnt bald eines.
"Jetzt ein Mittagsschläfchen!"
Mama aber mahnt:
"Wir müssen einen sicheren
Platz für den Winter
suchen. Es schneit bald!"

Im Tannenwald entdecken sie eine gut geschützte Höhle.
Mama geht hinein und prüft alles aufmerksam.
"Kommt herein, hier können wir bleiben.
Aber wir müssen trockene Zweige
herbeiholen für unser Bett!"

Mama hatte recht. Bald schon fällt der erste Schnee. “Da wir alle gut gefressen haben”, sagt eines der Bärchen, “werden wir weder hungern noch frieren. Unser Speck wird uns schützen.” Eng aneinandergeschmiegt schlafen bald alle ein, nur Mama Bär blickt ab und zu zum Höhleneingang. Sie schläft niemals ganz tief - aus Vorsicht. Auf ihrem Reisigbett haben sie es alle bequem.

Als der Winter
endlich weicht,
wachen die Bären auf.
Die kleinen Kerle sind tüchtig
gewachsen, richtig kräftige
Burschen sind sie geworden! Sie
recken und strecken sich, und dann
wollen sie natürlich hinaus ins Freie.

"Juhu! Eine Rutschbahn, auf geht's!" Auf dem Rücken und auf dem Bauch machen die Bären eine fröhliche Rutschpartie. "Das macht Spaß!" schreien die Kleinen.

Der Frühling ist nun da, die Zeit der Liebe.
Die jungen Bären verlassen ihre Mutter,
um selbständig ein neues Leben zu beginnen.
Die große Bärin aber wird bald
einen Bärenmann finden.

Der kleine Löwe

Die glühende Sonne brennt unbarmherzig über der schier endlosen Savanne. Eine Löwenfamilie liegt im Schatten eines uralten Baumes und hält Mittagsruhe. Niemand mag sich bei der drückenden Hitze bewegen, nur die Löwenjungen albern wie immer herum und stören die Ruhe.

Die Jungen warten schon auf die nächste Mahlzeit. Als es soweit ist, drängen sie sich an die Zitzen ihrer Mutter. Sie trinken sich richtig satt und schnurren dann zufrieden wie alle kleinen Kätzchen.

In den ersten Wochen nach der Geburt zieht die Löwenmutter die Jungen allein auf. Das ist gar nicht so leicht, denn sie muß ständig neue Verstecke für die noch völlig hilflosen Kleinen suchen. Hat sie eines gefunden, greift sie die Jungen vorsichtig mit dem Maul und trägt sie einzeln zu der neuen Bleibe.

Was für eine Aufregung! Die Löwinnen sind mit ihren Jungen in die Gruppe zurückgekehrt! Der alte Löwe beschwert sich prompt, daß ihn die Jungen am Schlafen hindern. Doch die Kleinen lassen sich trotz seines bösen Knurrens nicht davon abhalten, von allen Seiten auf ihm herumzuklettern.

Von dem Herumgetolle bekommen die Löwenbabies natürlich Durst. Die Mutter wacht aufmerksam, während die Kleinen im Tümpel trinken. Das neugierigste von ihnen erforscht auch gleich noch, was da im Wasser so alles kreucht und fleucht...

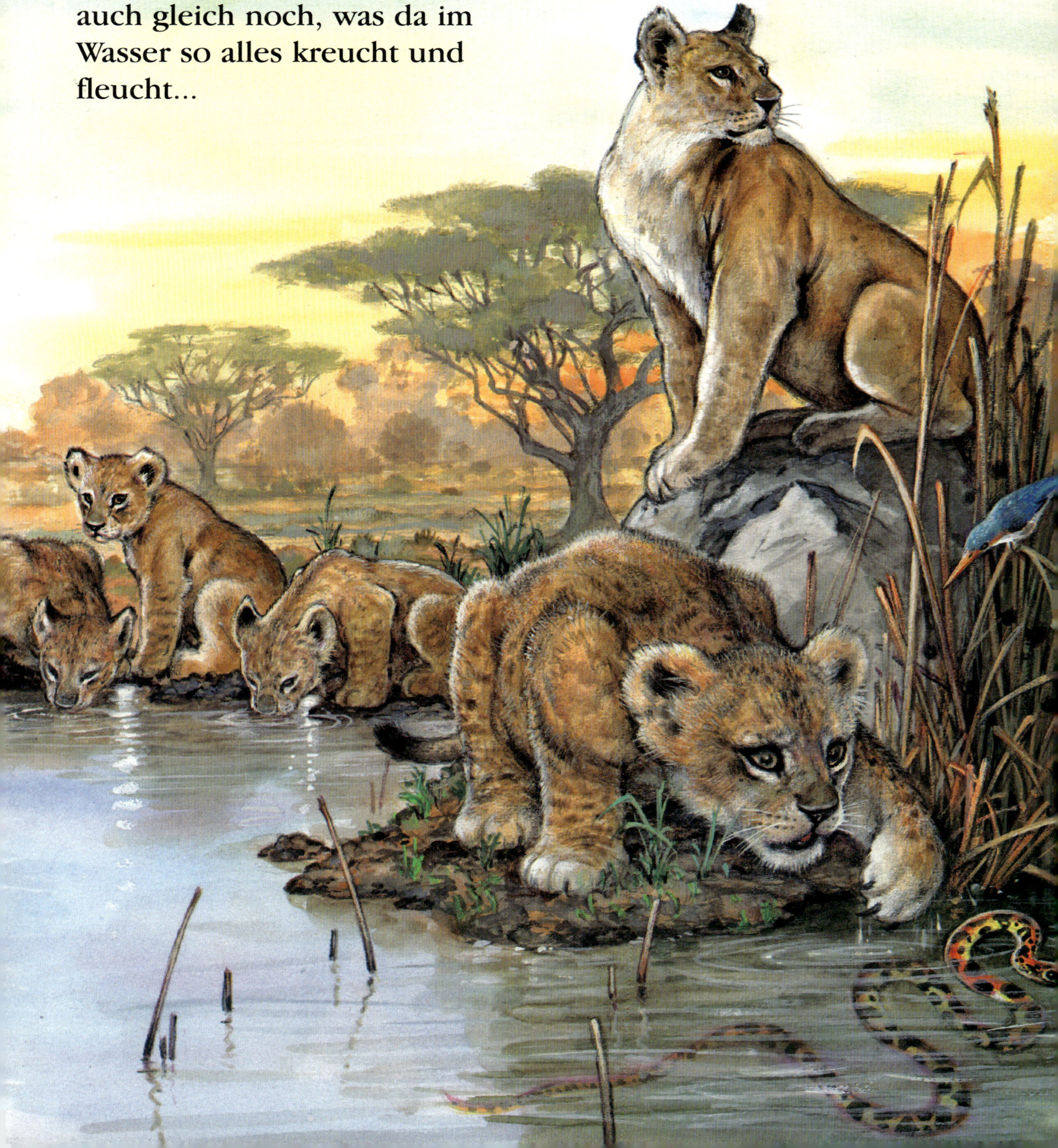

Während die Mama auf der Jagd ist, macht unser kleines Löwenkind die Bekanntschaft eines drolligen Tieres. “Oh, das kann man ja auseinandernehmen”, staunt der Löwe. “Ich bin eine Eidechse, und du hast das falsche Ende von mir erwischt. So fängst du mich nie!” ruft das Tier.

Nun sind die Löwenkinder groß genug, um gemeinsam mit der Mutter die ersten Streifzüge durch die Savanne zu unternehmen. Doch irgendeins der Jungen bleibt immer zurück. Diesmal ist es eine Maus, die so überaus interessant ist...

Doch die Maus ist zu schnell für unseren kleinen Löwen. Da wird er wohl noch etwas üben müssen. Bei der Verfolgung der Maus ist er zu allem Unglück nun auch noch ins Wasser gefallen!
“Mama, Mama, ich ertrinke”, ruft er ängstlich. Da nähert sich ein Leopard, der auf der Jagd ist...

Zum Glück entdeckt die Mutter den Leoparden rechtzeitig. Andere Löwinnen schlagen den Bösewicht in die Flucht, während sich die Löwenmama um ihren kleinen Tolpatsch kümmert. Sie fischt ihn aus dem Wasser und schimpft mit ihm. Für eine Woche sind sämtliche Ausflüge für ihn gestrichen. So etwas aber auch! Erst ins Wasser zu fallen und sich dann auch noch beinahe fressen zu lassen...

Da beginnt es zu regnen.
Es gießt wie aus Kübeln.
Überall zucken Blitze,
und der Donner rollt.
Doch für die Tiere ist der
Regen eine Wohltat. Sie
genießen die Abkühlung
nach der Hitze des Tages.
“Schaut mal, wie schön
der Regen auf mein
Näschen platscht”,
ruft ein Löwenkind.

Die Zeit vergeht. Na, habt ihr ihn wiedererkannt? Richtig, das ist der kleine Löwe, der ins Wasser gefallen war. Nun ist er schon groß und stark und kann allein auf die Jagd gehen. Vorsichtig nähert er sich seinem Opfer und wartet dann auf den richtigen Moment...

Selbstbewußt präsentiert er danach seine Beute den anderen Löwen.
“Bravo! Gut gemacht!” rufen ihm alle zu. Seine Mutter denkt an die ersten Jagdversuche zurück und schmunzelt. Sie ist mächtig stolz auf ihren Kleinen, der inzwischen genüßlich seine Beute verzehrt.

Unsere Löwenjungen sind fast erwachsen geworden. Das ist der Moment, wo sie die Gruppe verlassen und ihre eigenen Familien gründen. Und schon bald werden auch sie, wie ihre Väter und Großväter, die Könige der Savanne sein!

Das kleine Fohlen

Die Neuigkeit hat sich in der Herde schnell herumgesprochen. Heute früh hat die Stute Bianca ein niedliches kleines Fohlen zur Welt gebracht. Jetzt kann es schon auf seinen eigenen Beinen stehen und saugt gierig die Milch der Mutter.

Prinz, das Hengstfohlen, erforscht seine Umgebung:
"Was für ein komisches Tier ist das denn?
Das trägt sein Haus ja auf dem Rücken!"

Die Pferdehirten kommen und treiben die Herde zusammen. Die Pferde leben in der Camargue fast völlig frei. Die Hirten kommen nur, um nach dem Rechten zu sehen oder...

...um die Tiere zu versorgen, falls der Winter zu hart ist. Prinz galoppiert an der Seite seiner Mutter und reagiert auf jede ihrer Bewegungen.

Heute macht Prinz eine neue Bekanntschaft.
“Guten Tag! Bist du auch ein Fohlen ?”
Das andere Tier beginnt zu lachen:
“Ich, ein Fohlen? Nein, ich bin ein kleiner Stier! Aber wenn du willst, können wir zusammen spielen.”

Die Natur ist einfach herrlich in Südfrankreich. Alles ist erfüllt vom Duft der Blumen und Gräser, und die Sonne scheint fast immer. Manchmal bläst aber auch ein starker Wind, der Mistral. Doch Prinz kann sich ja hinter der Mutter verstecken...

Da bricht ein Gewitter los! Prinz hat Angst: “Mama, Mama, wo bist du ?” Die anderen Pferde freuen sich über die willkommene Abkühlung.

Der Herbst hat Einzug gehalten in die Camargue. Die Flamingos machen sich langsam auf den Weg nach Afrika, wo sie den Winter verbringen werden. Prinz bewundert zwei Hengste, die miteinander kämpfen. Bald wird er auch so stark wie sie sein...

Es wird Abend. Die Herde rastet an einem der vielen Seitenarme des Flusses, den die Menschen Rhône nennen. Prinz trifft auf zwei Biber, die dabei sind, sich Vorräte für den Winter anzulegen.

Unzählige Vögel fliegen über die Sümpfe. Viele von ihnen kommen aus nördlichen Ländern hierher, um der Kälte zu Haus zu entfliehen. Prinz macht es riesigen Spaß, sie immer wieder aufzuscheuchen.

Dann ist der Winter da! Der Himmel ist wolkenverhangen. Ab und zu zeigt sich auch mal eine Schneeflocke, aber meistens ist es angenehm mild. Und wenn es wirklich einmal etwas kälter wird, kümmern sich die Hirten um die Tiere.

Aus unserem Prinz ist ein stattlicher Hengst geworden, der seine Freiheit in vollen Zügen genießt. Sein Fell ist mit der Zeit immer heller geworden, und seine lange Mähne weht im Wind.
Was für ein herrliches, kraftvolles Tier doch aus dem kleinen Fohlen geworden ist!

Der kleine Wolf

Die rauhen Wintermonate sind vorbei, und der Frühling hält Einzug. In einer der Höhlen hat eine Wölfin ihre Jungen zur Welt gebracht. Sie sind zwar erst einige Tage alt, aber wenn sie Hunger haben, sind sie nicht zu überhören.

Die Wölfin ist eine geduldige und fürsorgliche Mama! Vom frühen Morgen bis zum späten Abend kümmert sie sich aufopferungsvoll um ihre Kinder, denen es an nichts fehlt. Sie leckt sie zärtlich ab und gibt ihnen immer wieder von ihrer

Milch zu trinken. Die Kleinen spüren genau, wenn es Zeit für die nächste Mahlzeit ist. Sie drängen sich dicht an dicht an die Zitzen der Mutter. Und wehe, wenn sich andere Tiere den Wolfsjungen zu sehr nähern. Dann zeigt die liebevolle Mutter ihr anderes Gesicht!

Die Jungen wachsen im Rudel wie in einer großen Familie auf. Dort gibt es klare Regeln, wie man sich zu verhalten hat, und die Kleinen lernen auch von Anfang an, wie man richtig jagt. Doch die Wolfsjungen tollen natürlich auch noch viel herum. Der Leitwolf hat inzwischen eine Herde Rentiere aufgespürt. Nun ruft er alle zur Jagd!

Es ist Sommer geworden. Die Wolfsjungen haben sich in ihrem Äußeren stark verändert. In nur wenigen Wochen haben sie ihr etwas tolpatschiges Aussehen gegen die rassigen Züge eines richtigen Wolfes eingetauscht. Und doch ernährt sie immer noch ihre Mutter, nun aber mit vorgekauter fester Nahrung. Alle warten geduldig, bis sie an der Reihe sind.

Einer der jungen Wölfe versucht sich schon selbst in der Jagd. Mit seinem unfehlbaren Geruchssinn hat er einen Hasen aufgespürt: Gleich hab ich dich, denkt er bei sich. Doch der Hase ist ein alter Kämpfer, der schon ganz andere Situationen schadlos überstanden hat. Er schlägt ein paar schnelle Haken und schon ist er verschwunden.

“Laß los! Diese Beute gehört mir”, schreit der junge Wolf verärgert. Diesmal gibt er aber nicht auf. Schließlich ist es seine allererste Beute, die ihm dieser häßliche Vogel streitig machen will! Am Ende geht er aber als Sieger aus dem Kräftemessen hervor, worauf er sehr stolz ist. Er ist auf dem besten Weg, ein richtiger Wolf zu werden.

“Seht ihr die Männer mit den Gewehren dort ?” erklärt die Wolfsmutter eines Tages ihren Kindern. “Denen müßt ihr immer aus dem Weg gehen. Sie wollen euch töten.” Die Jäger haben die Wölfe zum Glück nicht bemerkt und entfernen sich.

Der Herbst ist da, und die Rentierherden machen sich auf den Weg in südlichere, wärmere Gegenden.

“Wir müssen ihnen folgen”, ordnet der Leitwolf an. Die jungen Wölfe gehorchen, ohne zu murren, und so folgt das ganze Rudel schon bald den davonziehenden Rentieren.

Der erste Schnee ist eine völlig neue Erfahrung für die Jungwölfe! Diese seltsamen Flocken fliegen ihnen immer wieder in die Augen, und sie reagieren jeder auf seine Art. Manche springen wie wild in die Luft, andere heulen, wieder andere beginnen, miteinander zu streiten. Einer versucht sogar, die Flocken zu jagen! Die Mutter amüsiert sich über ihre Jungen. Sie steht etwas abseits. Noch immer wacht sie über sie und nimmt den geringsten verdächtigen Geruch, das kleinste Geräusch sofort wahr.

Aneinandergekauert erwarten die Wölfe den Anbruch der Nacht, die sie im Schnee verbringen werden. Einige rollen sich zusammen und schlafen bald ein; andere finden keinen Schlaf und blicken immer wieder prüfend zum Himmel und fragen sich, wann der Schneesturm endlich aufhören wird. Die Ohren gespitzt, hören sie den eisigen Nordwind pfeifen.

Am nächsten Morgen tauchen nach und nach erst
Ohren und dann Köpfe aus den weißen Hügeln auf,
die sich in der Nacht gebildet haben.
Der erste Wolf schüttelt sein Fell:
"Brr! Mein schönes Winterfell! Die langen
Haare sind ja ganz verklebt!"
Er schüttelt sich erneut und weckt damit
das ganze Rudel auf.

Doch auch der strengste Winter muß einmal dem Frühling weichen. Die ersten Blumen blühen, und ein betörender Duft liegt über dem Land. Die Wölfe sind nun erwachsen und verlassen das Rudel. Einer unserer Wölfe hat bereits eine getreue Gefährtin gefunden, und ihr sehnsüchtiges Heulen ist bis weit in die Berge hinein zu hören...

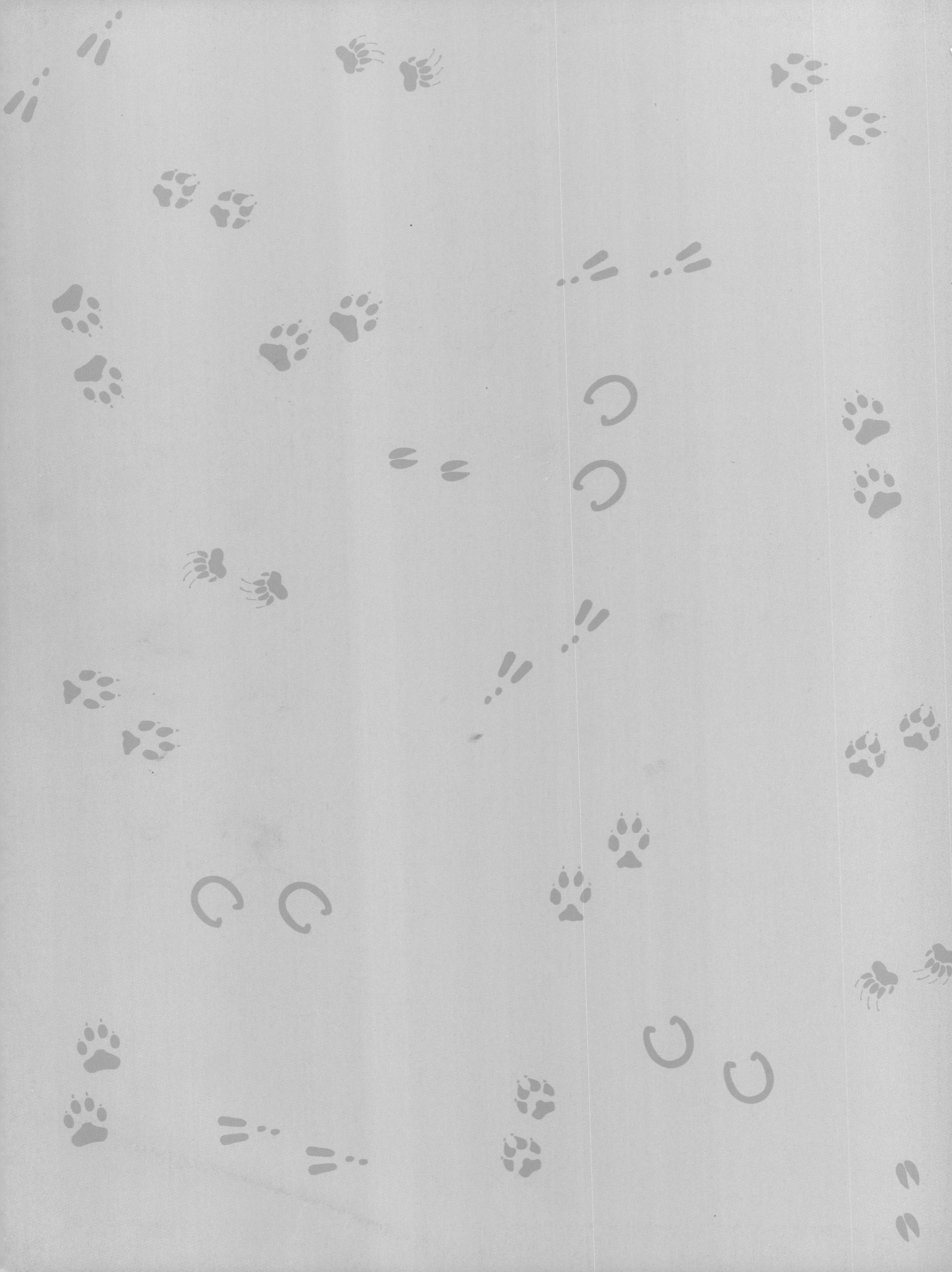